AF264041

THIERS

JUGÉ PAR LUI-MÊME

PAR

M. l'abbé COURTÈS.

<hr>

MARSEILLE

TYPOGRAPHIE MARIUS OLIVE

RUE SAINTE, 39

1872

THIERS

JUGÉ PAR LUI-MÈME.

Monsieur le Président,

Permettez, s'il vous plaît, à un homme qui n'a pas votre esprit, mais qui croit avoir sa part de bon sens, de vous dire avec une respectueuse liberté tout ce qu'il pense au point de vue politique sur vos paroles et sur vos actions. Il regrette, en les plaçant les unes à côté des autres, de vous trouver plus souvent qu'il ne faut en contradiction avec vous-même. Mais que voulez-vous? ce n'est pas sa faute, et s'il ose vous le dire avec tant de franchise, c'est parce qu'il espère servir les intérêts de son pays, en essayant de vous suggérer la pensée de mettre à l'avenir un peu plus d'harmonie entre vos discours et votre conduite. Vous en sentirez vivement le besoin, si vous voulez qu'on vous regarde comme un homme sérieux et que l'histoire, dont vous attendez peut-être le jugement avec une confiance mêlée de crainte, vous donne un titre plus honorable que celui de prestidigitateur de la parole. On vous permet ici, par exception, d'être juge dans votre propre cause, parce qu'on est convaincu que, si vous consultez votre conscience, vous serez assez juste pour vous condamner vous-même. Voyez donc d'abord ce que vous avez dit, et vous verrez ensuite ce que vous avez fait. C'est la méthode la plus simple et la plus facile que vous puissiez suivre pour voir clairement les contradictions de votre vie publique. Mais, comme votre mémoire de soixante et quinze ans pourrait vous faire défaut, on vous dispensera de prendre le tambour pour rassembler vos souvenirs, en vous les rappelant avec une précision et une exactitude mathématiques. Laissez-nous faire, je vous prie, le public nous jugera. Nous le supplions seulement d'avoir quelque indulgence pour notre plume peu exercée, et sans plus de préambule nous commençons.

Première contradiction. — Vous avez dit, Monsieur le Président, dans un moment bien solennel, alors que vous alliez représenter à l'Assemblée de Bordeaux le quart des départements de la France, *que vous réserviez à cette malheureuse nation le droit de se donner, par la voie du scrutin, une forme de gouvernement digne d'elle.* Vous ne pouviez mieux dire assurément. Après avoir fait table rase de tout ce qui avait rendu notre Patrie prospère et respectée pendant quatorze siècles, il fallait bien au moins la consulter un peu pour le choix de la Constitution qui devait régler ses destinées. Mais qu'avez-vous fait? vous avez laissé subsister comme un fait accompli le gouvernement le plus détestable que nous ayons jamais eu, celui-là même que sept ou huit mille braillards et hommes de vin avaient intronisé le 4 Septembre, au lendemain d'une défaite humiliante, celui-là même qui, par la guerre à outrance, nous a fait perdre l'Alsace et la Lorraine, nous a coûté cinq milliards et nous a fait descendre, par surcroît de malheur, au dernier rang des peuples civilisés.

Il est prouvé, en effet, par des documents authentiques et connus aujourd'hui de tout le monde, que nous n'aurions pas été soumis à tant de dépenses et d'humiliations, si, comme le conseillait le sens commun, la paix avait été faite mmédiatement après la catastrophe de Sedan. Mais cette poignée d'ambitieux à laquelle nous devons nos plus grands malheurs, se serait bien gardée de laisser échapper une si belle occasion pour se hisser au pouvoir. N'ayant jamais pu entrer par la porte dans le palais où siége le gouvernement, elle s'est empressée d'y entrer par la fenêtre, comme font ordinairement les intrus et les voleurs, au moment où le palais allait devenir la proie du pétrole. Voilà les escamoteurs que vous avez pu regarder en face sans tressaillir de colère et d'indignation, ces hommes de rien, ces pygmées qui osent se comparer aux géants de la première Révolution, que vous auriez pu, par une parole, que dis-je, par un geste de mépris faire rentrer dans le néant d'où ils n'auraient jamais dû sortir. Fort de l'appui de l'importante majorité que vous avaient donnée les élections de février, vous auriez dû comprendre tout ce qu'il y avait de honteux à recevoir une forme de gouvernement de la main de quelques avinés, et le remplacer, à la grande satisfaction de tous ceux qui portent un nom honnête, par un gouvernement provisoire qui ne se serait appelé ni républicain, ni monarchie. C'est ce que la raison vous inspirait. Mais révolutionnaire de votre nature et, d'après votre aveu, devant tout à la Révolution, il vous en eût coûté de ne pas reconnaître la République que de nouveaux septembriseurs nous imposaient pour mettre le comble à nos désastres. C'est pourquoi vous avez voulu en faire un esssai loyal, en la baptisant du nom de *République conservatrice.* C'est la République, disiez-vous en étouffant une colère homérique, à ceux qui trouvaient que vous manquiez déjà de loyauté en vous tournant un peu trop du côté de la gauche, c'est la République, soit, mais la République con-

servatrice. La République conservatrice! y pensiez-vous,
monsieur Thiers? mais, mon Dieu! chez nous, vous le
savez fort bien, ces deux choses jurent de se trouver ensemble. C'est le chien et le chat. Donnez à votre République
tous les noms et surnoms que vous voudrez, épuisez le vo-
cabulaire des épithètes les plus fortes. appelez-la démocra-
tique sociale, universelle, personne certainement, parmi les
démoc-socs, ne dira que vous avez été mal inspiré dans le
choix des qualifications que vous lui aurez données, car elle
est telle dans leur imagination. Bien des gens même qui,
comme vous, ne sont pas tout à fait dépourvus du sens commun, pensent que vous ne seriez pas à cent lieues de la vérité, si vous l'appeliez la République des Cartouches. Mais il
sera toujours vrai de dire que l'épithète de conservatrice ne
convient guère à une forme de gouvernement qui n'a jamais
su que détruire. C'est pour cela, sans doute, que le ciel ne
lui a jamais permis de naître avec deux liards de vie dans le
ventre : dans un discours fort remarquable que vous avez
prononcé en 1836, vous vous êtes chargé d'apprendre cette
vérité à ceux qui pouvaient l'ignorer encore. Ici, vous lais-
sant la parole, nous nous suspendons à vos lèvres. Vous allez
nous dire de si belles choses! mais de ces choses qu'il fau-
drait écrire en lettres d'or sur la porte des monuments que
les pétroleurs n'ont pas eu le temps de brûler, et surtout
sur le fronstispice du palais, où selon vos vœux et ceux des
démagogues, doit se tenir l'Assemblée nationale. Parlez donc,
monsieur le Président!

« La République a été essayée d'une manière concluante
suivant nous. On nous objecte tous les jours : Ce n'est pas
la République sanglante comme celle de 93 que nous voulons. Nous la voulons paisible et modérée. Eh bien! on com-
met une erreur grave quand on dit que l'expérience n'a
pas porté sur ces deux points. Il y a eu une République

sanglante pendant un an, mais pendant huit à neuf ans, c'était une République qui avait l'intention d'être modérée et qui a été essayée par des hommes honnêtes et capables.

« Sous le Directoire, c'étaient des hommes : La Reveillère-Lépaux, Barthélemy, Siéyes, Carnot, hommes honnêtes, capables, qui voulaient, non pas la République de sang, mais la République paisible. La victoire n'a pas manqué à ces hommes ; ils ont eu les plus belles victoires, Rivoli, Castiglione et mille autres. La paix ne leur a pas manqué non plus ; un Napoléon leur avait donné celle de Campo-Formio, la plus sûre et la plus honorable.

« Cependant en quelque années le désordre était partout. Ces hommes d'Etat étaient honnêtes, et cependant le Trésor était livré au pillage ; personne n'obéissait. Les généraux les plus modestes, les plus probes, des généraux comme Championnet et Joubert refusaient d'obéir aux ordres du gouvernement. C'était un mépris, un chaos universel.

« Il a fallu que des généraux vinssent renverser le gouvernement (passez-moi l'expression) à coups de pieds et se mettre à sa place.

« Ainsi dans ces dix années il s'est fait en France une expérience concluante sous les deux rapports. Il y a eu la République non-seulement sanglante, mais la République clémente qui voulait être modérée et qui n'est arrivée qu'au mépris, quoique en majorité, les hommes qui la dirigeaient, fussent d'honnêtes gens.

« Ainsi, la France en a horreur. Quand on lui parle de République elle recule épouvantée. Elle sait que ce gouvernement tourne au sang ou à l'imbécillité. » Oh ! comme ça est bien dit ! bravo ! monsieur Thiers, de grâce, faites-nous le plaisir de répéter vos dernières paroles. Elles sont un emporte-pièce. « Elle sait (la France) que ce gouvernement tourne au sang ou à l'imbécillité. » Vous le pensiez quand vous l'avez dit, car vous n'êtes pas de ceux qui disent comme Talleyrand, le mensonge incarné, que la parole n'a été donnée à l'homme que pour déguiser sa pensée. Pourquoi donc voulez-vous aujourd'hui, contrairement à vos convictions les plus profondes, essayer une fois encore un régime gouvernemental qui tourne à ce qu'il y a de plus épouvantable ? Mais, en temps ordinaire, ne serait-ce pas là un crime de lèse-nation ? La France en a horreur ! je le crois bien, c'est qu'elle est payée pour cela ; mais n'est-ce pas une raison suffisante pour que vous en ayez horreur vous même ? n'êtes-vous pas Français et certes, bon Français ? Et de plus, lorsque accablé, selon votre expression, de la confiance de vos collègues, vous avez accepté la lourde tâche de mener le vaisseau de l'Etat, n'avez-vous pas pris devant Dieu et devant les hommes l'engagement de faire tout ce qui dépendrait de votre patriotisme pour le tenir toujours à flot et de l'éloigner pour cela des écueils et des tempêtes ? Pouviez-vous bien alors, en homme sage, expérimenté et surtout en homme de conscience faire un nouvel essai pour le gouvernement d'un régime constitutionnel qui doit tourner au mal et faire sombrer ce pauvre vaisseau de la manière la plus affreuse ? Vraiment on ne sait pas sur quoi vous pouviez compter pour oser espérer contre toute espérance. Serait-ce par hasard sur l'habileté des hommes de l'équipage, sur la capacité de cette kyrielle de Jules dont vous vous êtes entouré pour la manœuvre, et en qui vous avez évidemment une confiance aveugle ? Peut-être, laissez-moi vous le dire, auriez-vous bien fait, avant de les choisir pour vous aider dans vos terribles fonctions de pilote, de sonder la mer sur laquelle vous alliez voguer avec eux et de consulter un peu l'opinion publique. Cette opinion dont on fait fi si souvent, et qui pourtant donne un appui moral des plus puissants à ceux qui nous gouvernent, M. Laluyé et toutes les personnes qui, avec la mémoire du cœur, gardent le souvenir du bon père Enfantin, vous eussent donné, à coup sûr, des renseignements bien utiles. Il vous eût suffi d'en tenir compte pour avoir, au lieu de cette fade macédoine que vous avez offerte aux passagers dans le cadre de vos officiers supérieurs, un tout homogène qui vous eût puissamment servi à diriger comme il faut votre navire. Aussi, d'où vous est venue la malheureuse pensée de faire fond sur des gens dont, en leur tenant compte, à quelques-uns surtout, de leurs bonnes intentions, l'on est forcé de dire qu'ils n'avaient d'autre capacité que celle de vous faire aller d'abord à la dérive et ensuite aux abîmes ?

Jules Favre, qui a pu, sans rougir, confesser publiquement qu'il avait vécu pendant 15 ans avec la femme d'un autre, était-il bien propre à nous inspirer le moindre respect pour la morale publique ? Qui oserait l'affirmer sans être dans la peau d'un démolisseur ? Fi donc ! cet homme-là, à le bien prendre, n'était pas plus propre à nous édifier sous le rapport des mœurs, on l'a prouvé en plein tribunal, qu'à nous rassurer sous le rapport politique. Aussi, voyez quelle paix désastreuse il nous a obtenue par ses négociations officielles avec la Prusse ! On se souviendra longtemps des curieux détails de son entrevue avec le roi Guillaume et son habile ministre. Comme nos ennemis durent rire de sa fierté et de ses larmes, deux choses qui nous paraissent incompatibles dans le même rôle et qu'il a eu le secret de faire aller ensemble pour rendre la comédie plus complète ! Vous n'aurez pas, leur disait-il, un pouce de notre territoire, pas une pierre de nos fortifications ; et diantre ! il s'en est fallu de peu qu'ils n'eussent la France tout entière ! En pleurant, sans doute, il a consenti à leur céder deux de nos plus belles et plus fidèles provinces, avec toutes les forteresses qui nous gardaient du côté de l'Allemagne, notre farouche ennemie. Est-ce assez pour montrer la valeur morale et politique d'un intrigant qui s'est fait le champion obligé de toutes les révolutions, et a toujours su se procurer en haut lieu une place assez lucrative ?

Que dirons-nous maintenant de Jules Simon ? Deux choses qui suffisent pour le caractériser. Son enrôlement dans le Saint-Simonisme et son projet de loi pour l'instruction primaire. La première nous donne une idée de la tendance de son esprit pour les affaires sérieuses : la seconde de la tendresse de son cœur pour la Sociale. On peut facilement se convaincre que, comme l'homme d'Etat, dont il est devenu la créature, il craint moins la contradiction que le Diable l'eau bénite. Chaud partisan de la secte Saint-Simonienne, il veut absolument rendre la femme libre, et contrairement aux habitudes des acrobates ou des histrions, il ne va point du tour le moins fort au plus fort, il va tout d'un bond au plus fort. C'est en effet en Turquie, où la loi et l'usage rendent la femme tout à fait esclave, qu'il veut qu'on trouve la femme libre. C'est la lubie d'un homme qui ne connaît ni les hommes ni les choses. Cela ne nous étonne pas, nous qui sommes appelés par notre état, à connaître tous les travers de l'humanité, mais ce qui nous étonne, c'est que M. Jules, qui tenait tant autrefois à l'émancipation de la femme, ne veuille pas lui laisser aujourd'hui toute liberté pour l'instruction de ses enfants. On peut se persuader de son inconséquence, si l'on a le courage de lire jusqu'au bout son fameux projet de loi sur l'instruction.

Avant de terminer le panégyrique de cet homme, souffrez, monsieur le Président, que je vous cite un fait qui est bien propre à nous édifier. Un jour, qui ne date pas de l'histoire ancienne, le capitaine-rapporteur d'un conseil de guerre dit à un fédéré que l'on allait condamner à la déportation :

— « Mais enfin, vos antécédents étaient bons ! Qui est-ce qui a pu vous entraîner ?

— « Ce sont les clubs, dit ce misérable, en courbant la tête.

— « Et qui donc avez-vous entendu dans ces clubs ? Quels

sont les orateurs qui ont eu une telle action sur votre esprit ?

— « Ce sont MM. Garnier-Pagès et Jules Simon. »

Là-dessus un grand silence, suivi d'une émotion indescriptible.

— « Vous le voyez, messieurs, s'écrie le capitaine-rapporteur, voilà donc ces hommes de désordre et de révolution que nous retrouvons partout depuis nos malheurs.

« A eux les paroles ont valu la fortune, l'éclat, la puissance, et à ces misérables elles ont valu l'infamie et la mort. »

N'est-ce pas là, en vérité, quelque chose de bien édifiant ! Allez, séducteurs des pauvres gens qui vous servent de marche-pied pour vous élever, et que vous abandonnez ensuite à leur malheureux sort ; allez ! nous vous connaissons. Vous nous avez prouvé qu'il y a encore du Saint-Simonisme dans votre cœur, et nous comprenons parfaitement l'accueil qu'on vous a fait sur les pontons. Les voyoux que vous aviez l'audace d'y venir voir ont pu vous dire avec dédain : C'est à votre école que nous avons appris ce qu'il fallait faire pour venir ici, vous êtes notre maître. Allez vous faire pendre où vous voudrez, vous l'avez mieux mérité que nous.

Mais en voilà assez pour celui-là. Passons maintenant à un autre Jules. Jules Ferry. Est-ce un homme de poids, celui-ci ? Voyons-le à l'œuvre, car c'est là qu'on connaît les hommes. Le conseil qui se tient en haut lieu n'ayant pas à délibérer sur la manière d'apprêter le turbot, puisque le Sénat romain a décidé qu'il faut l'apprêter à la sauce piquante, veut pourtant s'occuper de choses un peu plus sérieuses, et fait de Jules Ferry le maire de Paris. Le voilà sur un bien beau théâtre, mais malheureusement il ne sait pas jouer son rôle. Comédien de la jeune roche, il mécontente le parterre, où les trépignements et les coups de sifflet font un vacarme de tous les diables. Que voulez-vous? cet acteur prend des allures d'aristo qui ne vont guère avec son costume de tribun. Il mécontente les premières et les loges, parce qu'il exhale vers elles une odeur de parvenu qui les suffoque et leur donne des nausées. Il mécontente les secondes, où les bourgeois et les avocats trouvent qu'on s'est trop pressé de faire un demi-dieu de ce petit Alexandre. La bourgeoisie, me direz-vous peut-être, est de son naturel un peu jalouse, et l'avocassie, qui s'est toujours mise à la barre pour pousser aux révolutions, n'est pas tout à fait exempte de reproche sous ce rapport; c'est possible; mais, quoi qu'il en soit, la bourgeoisie et le barreau ne se trompent pas quand ils disent qu'on pouvait trouver dans leur sein un homme plus capable que notre troisième Jules pour administrer la plus belle capitale du monde, un homme dont celui-ci ne serait pas digne de délier les cordons des souliers, et qui le surpasserait de toute la hauteur de la tour Saint-Jacques. Enfin il mécontente le Paradis, d'où lui tombe une pluie de quolibets et de jurons qui ne l'amuse guère. C'est que, dans ce Paradis, il n'y a pas toujours des anges, mais il y a quelquefois un public qui sait rendre bonne justice. Avouons avec le bon La Fontaine, qu'il est fou du cerveau celui qui *prétend contenter tout le monde et son père;* quel mécompte pour le pauvre Jules! le voilà coulé, et bien coulé. Il part néanmoins pour la Grèce, où, en récompense de ses succès administratifs, il va remplir les fonctions d'ambassadeur. On lui souhaite bon voyage, et l'on désire sincèrement qu'il soit plus stable à Athènes qu'à Paris.

Mais revenons à votre idée. S'il nous est permis de vous blâmer, lorsque, malgré les leçons de l'expérience que l'on a faite *d'une manière concluante,* vous essayez encore un mode de gouvernement qui *mène au sang ou à l'imbécillité,* quel blâme ne faudrait-il pas vous infliger maintenant que vous dites que ce gouvernement est pour nous une nécessité, et qu'il n'est pas possible de nous en donner un autre, alors surtout que, d'après votre aveu, son crédit *est fortement atteint*, et *qu'il a suffi d'un pathos de Gambetta* pour compromettre son existence? Et c'est ce gouvernement, non-seulement désastreux, mais encore malade, que vous voulez nous donner? Mais ne voyez-vous pas que, pour notre bonheur, il est à l'agonie, et qu'un de ces beaux matins, Dieu merci! on va sonner son glas funèbre? Vaut-il bien la peine d'y pousser avec tant d'efforts? Ne vaudrait-il pas cent fois mieux épargner à la patrie les douleurs d'un enfantement monstrueux, qui ne doit nous donner que de la boue pétrie avec du sang?

Deuxième contradiction. — Vous avez dit, monsieur le Président, que Gambetta est *un fou furieux*. Nous vous avons cru sur parole, et, croyez-le bien, notre conviction n'a rien perdu de sa force quand nous l'avons vu, sans munitions, sans armes, sans soldats, entreprendre une guerre à outrance contre un peuple victorieux, foncièrement militaire, et l'un des mieux disciplinés de l'Europe ; mais il avait appelé à cors et à cris son compère Garibaldi pour l'aider à mener à bonne fin cette folle entreprise. Si, comme nous n'en doutons pas, il a commis plus d'une faute pendant son règne, on peut regarder celle-là comme la plus grave de toutes, et il n'est pas possible d'admettre pour elle de circonstances atténuantes. Le boute-feu de l'Italie ne se signala que par le siége mémorable du séminaire d'Autun (il en voulait moins aux Prussiens qu'aux séminaristes), et par celui de Dijon, où la ruse du général Menteuffel l'amusa par la résistance d'une poignée d'Allemands. Quatre hommes et un caporal suffirent pour empêcher les forces considérables qu'il commandait d'aller secourir l'armée du brave Bourbaki, qui fut acculée, faute de secours, sur les frontières de la Suisse.

Le chef de nos radicaux et celui des chemises rouges n'avaient rien à s'envier. C'étaient deux têtes folles dans un bonnet, et voilà tout. Mais la folie de l'ours de Caprera vous importe fort peu, monsieur le Président, l'indignation des gens honnêtes l'a repoussé vers sa tanière, et c'est ainsi que bonne justice lui a été faite. Mais la folie furieuse du citoyen Dort-d'un-œil, c'est pour vous une toute autre affaire. Vous dites qu'il est fou furieux, et vous lui permettez de circuler, de parler, d'agir et de banqueter, comme s'il était un des sept sages de la Grèce. N'êtes-vous pas le premier agent, l'agent suprême de la sûreté publique ? Pourquoi donc ne mettez-vous pas ce fou furieux en lieu sûr ? Est-ce qu'il n'y a plus de place à Charenton ? Comment ! si vous apprenez que quelque pauvre diable est atteint d'aliénation mentale, cette maladie est si commune dans les mauvais temps où nous sommes, vous le faites enfermer aux Petites-Maisons, dans la crainte qu'il ne fasse du mal à ses parents ou à ses voisins ; s'il donne le moindre signe d'extravagance, vite, vite, on le revêt de la camisole de force, et quand on vous apprend de toute part que votre *fou furieux*, pour achever l'œuvre des pétroleurs, peut à chaque instant, sinon par ses actes, du moins par ses discours, mettre le feu aux quatre coins de la France, vous ne faites rien pour prévenir une pareille catastrophe ! Je ne sais quel nom donner à cette inertie.

C'est bien assez d'avoir laissé fuir en Espagne cet aventurier sans lui demander compte des trois ou quatre millards qu'on a dépensés sous sa dictature, alors que les soldats qui composaient les débris de notre armée n'avaient, pour la plupart, que des souliers aux semelles de carton, et bien souvent que l'air pour nourriture. L'excellent général d'Aurelle de Paladines a dit à ce stupide dictateur trois ou quatre mots dont il se souviendra longtemps, s'il a bonne mémoire. C'est bien assez qu'on lui ait permis d'être investi du mandat de député pour représenter la voyoucratie, quand on savait surtout que parmi ceux qui l'avaient élu, quelques-uns, Italiens, avaient voté comme s'ils étaient Français, et d'autres, réellement Français, mais privés de leurs droits civiques, avaient voté tout de même. Ce n'est pas tout ; on peut acquérir la preuve, si M. le maire de Marseille consent à laisser vérifier les listes électorales, que les morts ont prêté à leur insu leur nom aux vivants pour augmenter le nombre des électeurs rouges, qui, peccadille que tout cela, ont voté dans plusieurs bureaux. C'est bien assez que lorsque vous avez eu devant vous cet audacieux agitateur sur la banquette des représentants, vous ne lui ayez pas dit, avec l'accent d'une sainte colère, ce que Cicéron, l'intrépide consul, disait à Catilina le jour où il découvrit sa conspiration, là, en face des conjurés : « Jusques à quand, ô Catilina, abuseras-tu de notre patience ! *quousque tandem, Catilina, abutere patientia nostrâ ?* Vous n'eûtes pas même un mot de blâme. C'est vraiment regrettable, car si vous l'eussiez traité alors selon ses mérites, il n'exciterait pas aujourd'hui les mauvaises passions dans ce bon pays de la Savoie, qui fut toujours si fidèle aux principes de la religion et de la morale. Il vous en fera avaler des crapauds celui-là, si vous le laissez faire. Allons ! du courage, prenez la mouche, monsieur Thiers. Il n'est jamais trop tard de mettre les fous à leur place. On dirait que cet avocat ambitieux et bavard a jeté un charme sur vous, qu'il vous a pipé, disons le mot, comme le serpent pipe les oiseaux. Vous n'êtes pour lui qu'une vieille bascule qu'il fait monter ou descendre à volonté selon le poids de votre opinion et votre mouvement de par file à droite ou de par file à gauche. Aussi on lui fait même avec l'écharpe municipale des harangues et des ovations comme à l'héritier présomptif de la présidence. Ici, permettez un souvenir qui m'est tout à fait personnel. J'ai été bien surpris l'autre jour, en lisant dans les journaux les mieux renseignés, que ce *fou furieux* était votre Dauphin. Comment, me disais-je, ce borgne-là peut-il être le Dauphin de monsieur Thiers ? D'abord monsieur Thiers n'est pas roi, et puis il n'a pas d'enfant ; mais la réflexion aidant, j'ai fini par comprendre que *par la grâce* de l'assujétissement de l'Assemblée nationale que vous a obtenu la menace puissante de votre démission, vous pouviez être roi dans toute la force du terme, et que par conséquent Gambetta pouvait être votre Dauphin. Quel roi ! ! ! quel Dauphin ! ! !

Troisième contradiction. — Vous avez dit, monsieur le Président, et nous en avons pris bonne note, vous avez dit que vous ne voulez pas être le gouvernement de tout le monde, très-bien ! Mais alors, pourquoi signifiez-vous aux monarchistes qu'ils aient à laisser les seuls républicains conservateurs tenter leur expérience, et engagez-vous « la partie de l'Assemblée » qui veut de votre République, à déclarer la guerre aux autres républicains, aux radicaux, aux progressistes, à toutes les autres nuances du parti républicain ? On peut s'édifier à ce sujet par la lecture des numéros de la *Liberté* qui ont paru depuis la mi-octobre.

Quatrième contradiction. — Vous avez dit, monsieur le Président, et vos paroles ont eu de l'écho dans tous les cœurs bien faits, vous avez dit : *Celui qui mange du Pape* en crève d'indigestion. Mais que faites-vous ? Vous en laissez manger à tout le monde et nous devons nous trouver très-heureux que vous n'en mangiez pas vous-même. Vous en laissez manger au roi du Piémont qui, contre le droit des gens, se permet de le dépouiller de ses Etats et ne paraît de temps en temps dans la ville papale, où sa présence l'épouvante, que pour ordonner contre lui les plus iniques vexations; vous en laissez manger à ses plus vils sujets, ces garibaldiens qui font retentir chaque jour et surtout chaque nuit les rues de Rome de chants abominables, et les abords du Vatican de cris de rage et de blasphème.. A la première nouvelle des mauvais traitements qu'on fait subir au digne Vicaire de Jésus-Christ, les catholiques de France s'indignent et vous font présenter par les mains de Monseigneur l'évêque d'Orléans une pétition dont le but, l'unique but est de supplier l'Assemblée des représentants d'ouvrir les yeux sur les maux de l'Eglise et de son Chef visible. On ne désire pas, c'est impossible, qu'elle déclare la guerre à cette ingrate nation que nous avons faite à nos portes contre la maxime de Napoléon Ier, qui disait que nos voisins ne sont pas toujours nos meilleurs amis, l'Angleterre le lui avait prouvé, mais on demande qu'elle proteste au moins contre les injustices de toutes sortes dont le Saint-Père est l'objet.

Le roi des orateurs Français va monter à la tribune pour exciter cette protestation, vous l'arrêtez sur la première marche de l'escalier, et vous étouffez sa voix, en lui disant que ce n'était pas le temps de protester. Mais, je vous le demande, quel temps faudra-t-il donc attendre pour protester contre des voleurs ? Que craignez-vous en protestant ? Tremblez-vous d'exciter la susceptibilité des Italiens, de vous les rendre plus hostiles ? Ce n'est pas possible. Ah ! je regrette de vous le rappeler, parce que ce souvenir vous navre le cœur , ces ingrats nous ont fait tout le mal possible et nous ont donné les marques d'une haine poussée jusqu'à ses dernières limites, lorsqu'ils nous ont si indignement abandonnés pendant les horreurs de la dernière guerre ; mais continuons. Vous en avez laissé manger, de ce bon Pape, à tous les va-nu-pieds qui, par des voies de fait et des insultes révoltantes pour les âmes honnêtes, veulent empêcher notre seul espoir, les nombreux pèlerinages de Lourdes et de la Salette, dont le but est d'obtenir le salut de la France par l'intercession de Marie qui en fut toujours la patrone. Vous leur en laissez manger en ne les punissant pas, ou en les punissant d'une manière peu sévère. Si le gouvernement, vous a dit monsieur d'Aboville, avait fait son devoir lors des désordres de Grenoble, provoqués par le pèlerinage de la Salette, le maire de Nantes se serait tenu pour averti ; il aurait pris les précautions nécessaires. Il fallait donc, dès la première manifestation, révoquer le maire de Grenoble. Le gouvernement traitera-t-il les catholiques plus mal que les musulmans ? Il transporte chaque année, sur les bâtiments de l'Etat, un grand nombre d'Arabes au pèlerinage de la Mecque, et ces musulmans nous rapportent en échange le fanatisme et le choléra. Vous avez répondu à cette interpellation, à laquelle ne répondez-vous pas ? Mais votre réponse n'a pas eu de chance. M. d'Aboville a répliqué en fermant les débats, qu'il fallait avant tout punir le maire de Grenoble (*la Liberté*, 12 octobre 1872). Pourrait-on nous citer une seule époque où l'on ait tourné en ridicule ces pieuses manifestations d'un peuple malheureux dans les temps de la Monarchie? Il faut vivre en République pour voir de pareilles abominations. Délivreznous une fois pour toutes, monsieur le Président, de cet affreux cauchemar qui nous empêche de dormir tranquilles et ne permet à personne de se rassurer. Comment voulezvous que l'on se rassure lorsqu'on connaît les intentions des méchants ; lorsque la presse, qui est à la dévotion de la République, ne nous annonce jamais que des projets sinistres ; lorsque, dans les clubs, dans les rues et sur les places publiques, l'on n'entend que des paroles injurieuses et des menaces de mort à l'adresse des honnêtes gens. Toujours le prêtre, le noble et le bourgeois à la potence, toujours la guillotine en perspective. Quel tableau pour nous rassurer que celui-là ! Dissipez vos craintes, allez-vous me dire, les hommes de désordre dont les discours et la conduite vous épouvantent sont fort peu nombreux, et puis d'ailleurs, nous serons toujours assez forts pour les contenir. Cessez de vous faire illusion, vous dirai-je à mon tour, vous serez débordé : M. Thiers, les ovations de Trouville, les visites, les honneurs de l'Elysée, les compliments et les rapports des adulateurs vous trompent sur la situation. Vous voyez tout en rose, comme ceux qui ont la jaunisse voient tout en jaune ; si vous n'y prenez garde votre optimisme perdra tout. Vous en serez, croyez-moi, la première victime, La première commune a brûlé votre maison, la seconde vous brûlera vous-même. Il en est de la Révolution, comme de Saturne, elle dévore ses enfants. Vous savez l'histoire, puisque vous l'avez écrite, eh bien ! dites-moi, je vous prie, si après les Girondins, n'est pas venu le tour des Jacobins. Chacun y a passé et y passera à son tour, si le ciel, qui a ses raisons pour nous punir, ne vous envoie la bonne pensée de rebrousser chemin et de changer de route.

Avant de clore cette lettre, qui me semble déjà trop longue, je sens le besoin de vous dire, le cœur sur la main, toute ma pensée sur les effets de votre noble mission. Vous nous avez fait du bien, c'est incontestable. Avec les tronçons épars du champ de bataille, vous avez refait l'épée de la France ; comme un capitaine qui connaît parfaitement la théorie militaire et jouit du plus grand ascendant sur ses soldats, vous avez réuni, instruit et discipliné les restes de notre armée avec une diligence qu'on ne saurait trop louer ; plus habile ou peut-être plus courageux que les Prussiens, vous avez pris sur la Commune, non par la famine, mais par la seule voie des armes, cette remuante ville de Paris, que vos forts devaient rendre imprenable. Voilà votre gloire. Mais vous n'avez pas su profiter de la victoire ; voilà votre tort. C'était alors le moment opportun pour frapper un grand coup qui rassurât les bons et fît trembler les méchants. Vous connaissez les communards : ces scélérats ne veulent régner que par la terreur. Vous deviez user du même moyen pour établir le bon ordre sur des bases solides. La clémence n'est pas toujours une vertu. Il faut savoir quelquefois employer les moyens les plus rigoureux pour arrêter à jamais dans la voie du mal les hommes de révolte. On blanchirait plus facilement la figure d'un Maure que de ramener par la douceur les partisans de la Commune. Ces gens-là, passez-moi l'expression, sont indécrottables. Voyez-les, en effet, revenir des pontons. Quelle est leur première pensée ? quel est leur premier besoin ? C'est de retourner par le plus court chemin à leur tanière de Belleville pour grossir le nombre des futurs soldats de l'émeute, et pour recommencer de plus belle à la première occasion, s'essayant à canarder, en attendant, le soldat désarmé qui passe dans la rue. Haro ! sur ces révolutionnaires de la pire espèce. Mettez les chefs et les soldats, en ayant de l'indulgence pour ceux qui ne sont qu'égarés, mettez toute cette canaille dans l'impuissance de nous nuire. Enfermez ces bêtes féroces dans des cages de fer, s'il le faut. Le salut du peuple avant tout. *Salus populi, suprema lex.* Sortez du provisoire qui nous accable et menace de tarir la source de toutes les bonnes choses ; sortez-en le plus tôt possible à l'aide d'une loi électorale qui punisse les abstentions, la fraude, l'influence des fonctionnaires, et fasse sortir du scrutin le gouvernement fort et durable dont nous avons besoin. Favorisez, pour cela, la fusion, qui peut seule, sans un miracle de la Providence, appeler sur le trône le digne héritier de ces rois qui ont fait pendant quatorze siècles la gloire et le bonheur de la France, vous remplirez ainsi noblement la mission que les amis de l'ordre vous ont donnée.

Aussi, pour vous récompenser, Dieu vous aura toujours en sa sainte et digne garde, et la patrie vous bénira.

Agréez l'expression des sentiments de très-profond respect avec lesquels j'ai l'honneur d'être,

Monsieur le Président,

Votre très-humble et obéissant serviteur,

COURTÈS ,

Curé-Doyen de Berre.

9 782012 985230